글쓴이 캐시 에반스 Cathy Evans

영국 본머스에서 살고 있는 수의사이자 작가입니다. 직업적 학문 배경과 동물에 대한 사랑이 그녀가 이 책을 쓰도록 영감을 주었습니다.

그린이 베키 쏜즈 Becky Thorns

2020년 [The World of Whales : 고래의 세계]의 작업을 통해 월드 일러스트레이션 어워드 (www.theaoi.com/world-illustration-awards)를 수상하였으며, 영국 콘월 지역에 거주하는 아동 도서 전문 일러스트레이터입니다.

옮긴이 윤영

서울대학교 미학과를 졸업하고 같은 대학원에서 고고미술사학과를 수료하였습니다. 옮긴 책으로는 『발명의 역사: 세상을 바꾼 놀라운 아이디어들』, 『아무도 본 적이 없는 무시무시한 공룡들』, 『광활한 우주 대탐험: 행성과 은하계를 넘어』, 『날개가 바꾼 역사』, 『바퀴가 바꾼 역사』, 『암호 클럽 16: 맷이 보낸 SOS』, 『토이 스토리 3』 등 다수가 있습니다.

초판 1쇄 펴냄 2023년 3월 30일
초판 3쇄 펴냄 2024년 10월 30일

글쓴이 캐시 에반스
그린이 베키 쏜즈
옮긴이 윤 영
펴낸이 김대현
펴낸곳 아이위즈
등록 1991년 2월 22일 제2-1134호
주소 서울시 강서구 양화로 738, 한강G트리타워 613호
전화 (02)2268-6042 | **팩스** (02)2268-9422 | **홈페이지** www.athenapub.co.kr
ISBN 979-11-86316-33-7 (73470)

SENSING THE WORLD: THE SENSES OF HUMANS AND OTHER ANIMALS by Cathy Evans and illustrated by Becky Thorns
Copyright © 2021 by Cicada Books
All rights reserved.

Korean translation rights © 2023 Athena Publishing Inc.(IWIZBOOKS Co.)
This Korean edition was published by ATHENA PUBLISHING INC. / IWIZBOOKS in 2023 by arrangement with Cicada Books c/o Marco Rodino Agency through KCC(Korea Copyright Center Inc.), Seoul.

이 책은 (주)한국저작권센터(KCC)를 통한 저작권자와의 독점계약으로 (주)도서출판 아테나·아이위즈에서 출간되었습니다. 저작권법에 의해 한국 내에서 보호를 받는 저작물이므로 무단전재와 복제를 금합니다.

아이위즈 iWizbooks는 (주)도서출판 아테나의 브랜드입니다.
책값은 표지에 있습니다. 잘못된 책은 바꾸어 드립니다.

주의! 책의 모서리 부분이 날카로우니, 다치지 않도록 주의하세요.

(주)도서출판 아테나·아이위즈의
다양한 도서를 만나보세요.

인간과 동물의 일곱 가지 감각 이야기

인간과 동물이 느끼는 감각의 차이는 무엇일까요?

차 례

들어가며   4

청각   6

시각   14

후각   24

미각   30

촉각	**36**
고유수용감각	**46**
전정계	**50**
그 외의 감각	**54**
용어 사전	**58**
색인	**60**

들어가며

우리는 감각이 있기에 살아있음을 느껴요. 시각, 후각, 미각, 촉각, 청각은 우리가 현실을 관찰하고 이해하는 도구이자, 우리의 몸이 어디에서 끝나고 세상은 어디에서 시작되는지를 알려주는 역할을 해요.

이 다섯 가지 기본 감각은 각각 정보를 받아들이는 기관이 따로 있어요. 우리의 피부, 눈, 귀, 코, 혀에 있는 특별한 감각 세포는 자극을 받아들이고 그것을 신호로 바꿔요. 그러면 이 신호는 신경을 통해 뇌로 전달되지요. 뇌는 일단 정보를 받으면 곧바로 그 정보를 종합해서 우리 몸 주변에 무슨 일이 일어나고 있는지 알아냅니다.

예를 들어 당장 여러분에겐 무슨 일이 일어나고 있나요? 여러분의 손가락은 이 책의 페이지를 건드리고 있고, 여러분의 옷은 여러분의 몸을 건드리고 있으며, 여러분의 엉덩이는 그 밑에 있는 의자나 바닥의 압력을 느끼고 있을 거예요. 눈은 방의 밝은 정도에 적응한 상태이며, 여러분이 읽고 있는 이 작은 글씨뿐만 아니라 여러분 주위의 큰 물체도 알아보고 있어요. 여러분의 뇌는 이 모든 정보를 한 번에 처리하고 있는 거예요. 하지만 뇌는 불필요한 정보는 거르기도 해요. 여러분이 이 글자에 집중하고 있을 때는 주변에 소음이 들리고 냄새가 나도 뇌가 그 정보를 누그러뜨려 여러분이 당장 독서를 잘 할 수 있게 도와주지요.

오감이란 여전히 배울 게 많은 놀라운 체계랍니다. 그런데 최근 들어 과학자들은 기본적인 다섯 가지 감각을 넘어 새로운 감각 두 가지를 발견했어요. 바로 균형을 잡는 역할을 하는 전정계, 눈을 감고도 손가락으로 코를 건드릴 수 있게 하는, 그러니까 어떤 순간에도 우리 신체의 위치를 정확히 파악할 수 있게 하는 감각인 고유수용감각이 그것이지요.

동물의 왕국에서는 진화의 결과 몇몇 동물들이 굉장히 특별한 능력을 갖게 되었어요. 매는 200km/h 속도로 땅으로 돌진하면서도 먹잇감에 초점을 맞출 수 있어요. 한편 고양이는 캄캄한 밤에도 앞을 잘 볼 수 있지요. 박쥐는 반향정위를 이용해 소리로 세상을 '보며', 새들은 자기수용을 이용해 유럽에서 아프리카까지 길을 잃지 않고 수천 킬로미터를 날아가요.

동물들이 세상을 어떻게 감지하는지에 대해 아직도 모르는 게 많아요. 하지만 그들의 초능력을 이용하면 우리가 현재 상상만 하고 있는 의학적, 기술적 진보를 실제로 이루어낼 수 있을지도 몰라요.

사람들은 제각기 세상을 조금씩 다르게 느껴요. 어떤 사람들은 후각이나 미각이 남들보다 예민하고, 또 어떤 사람들은 색을 남들과 다르게 인지하지요. 갖고 있는 신경 질환에 따라 어떤 감각을 더 강하게 또는 둔하게 받아들일 수도 있어요. 하지만 결국 처리 과정은 모두 같답니다. 우리의 눈과 귀는 비슷한 구조로 비슷한 빛과 소리 자극에 반응을 해요. 인간이 공유하고 있는 경험이란 생물학에 기초했다고 할 수 있어요. 우리로 하여금 주변 세계를 이해할 수 있도록 돕는 것이 생물학이니까요. 그러니 이 감각이 어떻게 작동하는지 배워보도록 해요.

청각

음파가 공기를 통해 우리 귀에 도달하면, 그 음파는 귀의 바깥쪽(외이)에서 안쪽(내이)을 지나게 되고 청신경을 따라 뇌까지 전달돼요. 소리를 듣는다는 건 우리 몸 밖에 있는 분자의 움직임에 의존하며, 이렇게 기계적 자극을 신경 신호로 변환시키는 걸 '기계적 감각'이라고 불러요.

어떻게 듣는 걸까?

귀는 외이, 중이, 내이라고 부르는 세 부분으로 이루어져 있고, 이 부분이 함께 소리를 모아 뇌까지 소리를 보냅니다.

2

고막의 진동은 **이소골**이라는 조그만 뼈 세 개를 움직여요. 이 뼈는 귀 가운데에 있으면서 소리를 증폭시키고 내이까지 소리를 전달해요.

1

외이, 즉 귓바퀴는 여러분도 직접 볼 수 있는 부분이에요. 깔때기처럼 소리를 모아서 외이도를 거쳐 고막까지 소리를 보내요. 고막은 매우 얇은 세포막으로 음파가 전해지면 진동을 해요.

3

달팽이관은 내이 안에 있는 달팽이 모양 관으로 안에 액체가 들어 있어요. 이소골이 움직이면 달팽이관 안의 액체도 같이 물결치게 되지요.

5

전기 신호가 뇌 안에서 다시 소리로 바꿔어요.

4

달팽이관 안에 있는 액체가 흔들리면 관 안의 아주 작은 털도 같이 움직여요. 이들은 이 움직임을 전기 신호로 바꾼 다음 청신경을 통해 뇌까지 전달해요.

이소골 각각의 이름은 추골(망치뼈), 등골(등자골), 침골(모루골)입니다.

'달팽이관'은 말 그대로 달팽이를 닮아서 붙여진 이름이에요.

높은 소리는 달팽이관 아래쪽의 털세포를 자극 하고, 낮은 소리는 달팽이관 위쪽의 털세포를 자극 하지요.

크거나 작게, 높거나 낮게

모든 소리는 두 가지로 이루어져 있어요. 바로 소리의 높낮이를 의미하는 **주파수**(또는 음높이), 그리고 소리의 크고 작음을 뜻하는 **진폭** 또는 강도이지요.

천둥 소리는 100헤르츠 정도로 낮은 주파수의 소리에요.

새가 지저귀는 소리는 8000헤르츠 정도로 높은 주파수의 소리고요.

소리가 높은가 낮은가는 음파의 주파수에 달려 있어요. 높은 음은 빠르게 진동하고 낮은 음은 느리게 진동하거든요. 이런 음높이는 헤르츠로 측정하는데, 헤르츠가 높을수록 그 소리의 음높이도 높다는 뜻이에요. 사람은 20헤르츠부터 20,000헤르츠 사이의 소리를 들을 수 있어요.

강도, 즉 진폭은 소리가 얼마나 큰가 작은가를 말해주며, 데시벨로 측정하지요. 사람이 내는 말소리는 보통 40에서 60데시벨 사이이고, 속삭이는 소리는 25데시벨 정도 됩니다. 전기톱 소리는 120 데시벨 정도고요. 무언가 폭발할 때 나는 아주 큰 소리는 150 데시벨이 넘기도 해요. 이 정도로 큰 소리는 고막을 파열시킬 수도 있어요. 그럼 무척 아픈데다 치료하는데 최소 2~3주는 걸려요. 큰 소리에 계속해서 노출된 사람들은 어린 나이에도 난청을 경험할 수 있다니 조심하세요.

나이가 들수록 우리가 들을 수 있는 주파수의 범위가 줄어들어요. 그래서 아이들은 어른들이 못 듣는 소리까지 들을 수 있답니다. 어떤 가게에서는 10대 청소년들은 듣기 괴롭지만 어른들은 잘 듣지 못하는 높은 주파수의 소리를 내는 기계를 이용하여 10대들이 가게에 들어오지 못하게 만들었어요.

균형

달팽이관 바로 위에는 **반고리관**이라고 불리는 아주 작은 액체 관이 세 개 있어요. 머리를 이리저리 흔들면 이 관 안에 있는 액체가 흔들리면서 어떤 움직임이 일어나고 있다는 걸 뇌에게 알려줍니다.

으아아아 이러다 곧 토할 것 같아!

빙글빙글 돌다가 갑자기 멈추면 반고리관 안의 액체는 곧바로 멈추지 못하고 계속 움직여요. 그러면 뇌는 여러분이 여전히 돌고 있다고 착각하고 현기증을 일으키죠. 더 자세한 이야기는 전정계에 대해 배울 때 알게 될 거예요!

귀가 먹먹

제대로 소리를 듣기 위해서는 양쪽 고막의 압력이 같아야 해요. 비행기를 타고 이륙할 때처럼 압력이 갑자기 변하면 귀가 멍해지는 느낌을 받을 수 있어요.

이런 느낌이 드는 이유는 코 뒤쪽과 중이를 연결하는 유스타키오관 때문이에요. 이 관이 밸브 역할을 해서 양쪽 고막의 압력을 조절하거든요.

끈적끈적 귀지

귀지는 좀 더러워 보이기는 하지만 실제로 꼭 필요한 거예요. 외이도를 깨끗하고 촉촉하게 유지시켜 주고 박테리아로부터 귀를 보호해주기도 하거든요. 귀지는 대부분 죽은 피부와 귓속의 분비선에서 나온 지방산이 섞여서 만들어져요. 가끔 귀를 꽉 막을 정도로 커진 귀지는 억지로 빼내야 할 수도 있어요.

다른 동물은 어떨까?

대부분의 살아있는 동물들은 소리를 들을 수 있지만 그 방식이 달라요. 쥐는 귀 뼈가 아주 작아서 코끼리보다 훨씬 높은 진동을 들을 수 있고, 반대로 코끼리의 귀는 낮은 음높이의 소리에 더 잘 어울려요.

개는 보통 청력이 매우 좋아요. 사람보다 네 배는 더 멀리 떨어진 곳의 소리까지 감지할 수 있지요. 게다가 사람의 귀로는 들을 수 없는 아주 높은 주파수의 **초음파**까지 들을 수 있어요. 개를 부르는 호각 소리는 약 50,000헤르츠 정도의 주파수라, 사람의 귀에는 그저 조용한 쉬익 소리로 들리지만 개에겐 아주 높고 듣기 불편한 소리랍니다.

비둘기는 **초저주파** 음이라는 아주 낮은 주파수의 소리를 들을 수 있어요. 그래서 곧 폭풍우나 지진이 일어나리라는 걸 미리 알 수 있지요.

박쥐는 눈이 보이지 않지만 **반향정위**를 통해 주변을 '알 수' 있어요. 반향 위치 측정이란 음파가 물체에 부딪쳐 반사되어 나오는 걸 감지하여 그 물체의 존재를 인식하는 방법이에요.

우리는 반사된 빛을 '읽어서' 이 세상의 이미지를 머릿속에 그려낸다면, 박쥐는 반사된 소리로 비슷한 과정을 거칩니다. 이 반향정위를 청각이라고 해야 할지 다른 구분된 감각이라고 해야 할지는 아직 과학자들도 결정하지 못했어요.

물은 공기보다 훨씬 더 효과적인 소리 전달 물질로, 돌고래는 먹잇감을 찾아 반향정위를 이용할 때 물을 활용합니다. 돌고래가 높은 음으로 딸깍거리는 소리를 내면 이 소리가 물체에 부딪치고, 다시 되돌아온 메아리를 돌고래는 턱으로 감지하는 거지요.

돌고래는 메아리로 돌아온 초음파를 통해 물체가 얼마나 멀리 있는지, 그것이 사물인지 동물인지 뿐만 아니라 그것의 크기, 형태, 질감까지도 알 수 있어요.

시각

우리가 무언가를 본다는 것은 사실 거기에 반사된 빛을 본다는 뜻이에요. 빛의 파동, 즉 광파가 사물에 튕겨 나와 우리 눈으로 들어가면 우리는 그 사물의 크기, 색, 형태에 대한 정보를 '읽는' 거예요.

여러분의 눈은 겉으론 매우 작아 보일 수 있지만 사실은 탁구공 정도 크기예요. 두개골에 있는 눈구멍과 눈꺼풀이 눈을 안전하게 보호해 줍니다. 눈꺼풀은 약 6초에 한 번씩 깜빡거려 늘 눈알을 촉촉하고 깨끗하게 지켜줘요. 눈은 상당히 복잡한 기관이라 다윈조차도 눈이 자연적으로 진화했다는 사실을 잘 믿지 못했대요!

어떻게 보는 걸까?

1. 눈의 흰 부분은 **공막**이라고 해요. 튼튼한 섬유 조직으로 이루어져 있죠.

2. **각막**은 눈 제일 바깥쪽에 있는 둥근 창으로, 안으로 들어온 빛을 집중시켜요.

3. 눈에서 색이 있는 부분은 **홍채**라는 근육이에요. 각막 아래에 위치하지요.

4. 홍채 가운데에는 **동공**이라는 구멍이 있어 여기로 빛이 들어가요. 홍채는 동공의 크기를 조절하여 눈 안으로 들어오는 빛의 양을 조절할 수 있어요. 밝으면 동공이 수축해서 눈으로 빛이 덜 들어오고, 어두우면 홍채가 동공을 활짝 열어 빛을 최대한 들어오게 하죠.

5. 빛은 **수정체**를 통과해요. 수정체는 투명한 원반 모양으로, 눈의 뒤쪽에 있는 망막에 이미지를 거꾸로 맺히게 해요. 스크린(망막)에 이미지를 비추는 영사기(수정체)와 비슷한 원리에요.

수정체는 매우 신축성이 좋아요. 여러분이 가까이에 있는 걸 보면 수정체는 쪼그라들어 두꺼워지고, 멀리 있는 걸 볼 때는 수정체가 납작해지면서 얇아지죠.

망막에서는

망막 안에는 **광수용기**라고 불리는 빛에 민감한 세포가 수백만 개 있어요. 이 세포는 광파로부터 받은 정보를 전기 신호로 바꾸고, 그러면 뇌는 그 신호를 이미지로 해석하지요.

광수용기에는 두 가지 종류가 있어요. 바로 **간상세포와 원추세포**죠. 간상세포는 빛에는 민감하지만 색에는 민감하지 않아서, 사물의 형태를 알려주고 어둠 속에서 볼 수 있게 해 줘요.

원추 세포는 색을 감지하며 물체의 더 세세한 부분까지 잘 볼 수 있게 해 줘요.

여러분은 이 숫자를 읽을 수 있나요? 그렇다면 여러분의 원추세포가 일을 하고 있다는 뜻이에요!

원추세포 덕분에 여러분은 이 글자들을 곧바로 읽을 수 있어요.

간상세포

원추세포

망막 안에는 세 종류의 원추세포가 있어요. 각각 빨강, 초록, 파랑을 다른 색보다 더 잘 감지한답니다. 이들은 함께 힘을 합쳐 우리가 수백만 가지의 서로 다른 색깔을 구분할 수 있게 도와줘요.

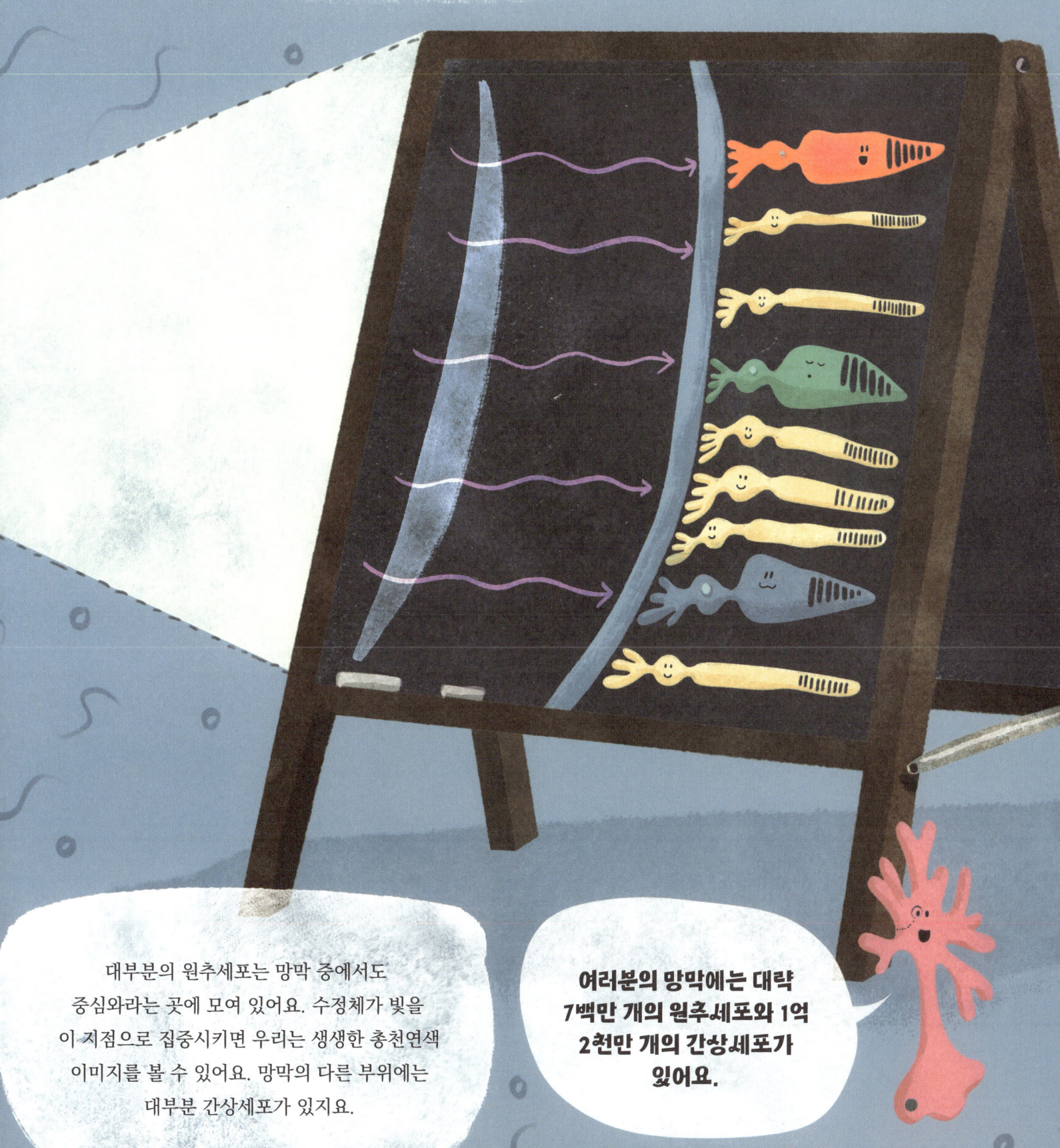

대부분의 원추세포는 망막 중에서도 중심와라는 곳에 모여 있어요. 수정체가 빛을 이 지점으로 집중시키면 우리는 생생한 총천연색 이미지를 볼 수 있어요. 망막의 다른 부위에는 대부분 간상세포가 있지요.

여러분의 망막에는 대략 **7백만 개의 원추세포와 1억 2천만 개의 간상세포가** 있어요.

뇌에서는

간상세포와 원추세포는 받아들인 정보를 전기 자극으로 바꿔요. 그러면 이 전기 자극은 **시신경**을 통해 뇌로 전달돼요.

눈의 수정체는 이미지를 망막에 거꾸로 맺히게 하지만, 뇌가 다시 이 이미지를 똑바로 뒤집어 놓지요.

뇌는 양쪽 눈에서 들어온 정보를 잘 결합시켜야 해요. 여러분의 동공은 약 6센티미터 정도 떨어져 있어요. 즉 양쪽 눈이 서로 다른 각도에서 사물을 본다는 뜻이에요. 멀리서 볼 때는 두 눈 사이의 각도 차이가 아주 작지만, 가까이에서 볼 때는 이 차이가 아주 눈에 띄지요.

뇌는 두 개의 그림을 서로 비교합니다. 그리고 둘 사이의 차이점을 바탕으로 3차원 이미지의 깊이감을 만들어냅니다. 한쪽 눈이 안 보이는 사람은 사물이 얼마나 멀리 떨어져 있는지 알아채기 힘들다고 해요.

사람의 뇌는 굉장히 빠르기 때문에 눈에 보이는 이미지를 처리하고 알아보는 데에 13밀리세컨드(1000분의 1초)밖에 걸리지 않는대요!

색맹

남성의 약 8%가 색맹을 가지고 있지만 여성은 1%밖에 안 된대요.

망막의 원추세포에 문제가 있으면 색맹이 생길 수 있어요. 가장 흔하게는 빨강과 초록의 차이를 구분하기 힘들어 하는 색맹이 있어요. 하지만 색이라면 모두 구분이 안 돼서 세상이 온통 회색빛으로 보이는 경우도 있죠.

밤눈

간상세포에는 시홍이라고 불리는 색소가 있는데 빛이 아주 적을 때도 앞을 볼 수 있게 해 주는 역할을 해요. 어두운 방에 들어가면 시홍이 더 많이 만들어져 눈이 빛에 더 민감해지죠. 평소보다 2000배는 민감해진대요.

시홍을 잘 만들어내기 위해서는 비타민 A를 잘 먹어야 해요. 비타민 A가 부족하면 밤눈이 어두워서 불편 할 수 있어요.

안경이 필요해

근시

눈이 앞뒤로 긴 사람이 있어요.
그러면 초점이 제대로 잡히질 않아서 가까이 있는 물체는
선명하게 보이지만 멀리 있는 물체는 흐릿하게 보일 수 있어요.
이런 상태를 근시라고 불러요. 3명 중 한 명에겐 근시가 있고
점점 더 늘어나는 추세죠.

원시

근시와는 반대되는 문제를 겪는
사람도 있어요. 먼 물체는 선명하게 보이지만 가까운
물체는 초점이 맞지 않는 거예요. 이걸 우리는 원시라고 불러요.
눈이 앞뒤로 짧거나, 수정체에 탄력이 없어서 초점을
잘 맞추지 못할 때 생겨요.

안경에 있는 렌즈는 광선을 굴절시켜서 망막에 초점이
잘 맺히게 도와줘요. 근시인 사람들은 오목 렌즈를,
원시인 사람들은 볼록 렌즈를 쓰죠.

다른 동물은 어떨까?

고양이는 야행성 사냥꾼이기 때문에 빛이 아주 적어도 앞을 잘 볼 수 있어요. 고양이의 동공은 사람처럼 동그랗지 않고 세로로 긴 모양이에요. 홍채 근육이 더 자유자재로 움직일 수 있기 때문에 눈에 빛이 더 많이 들어오게 할 수도 있죠. 그리고 고양이의 간상세포는 사람보다 8배 정도 많다고 하네요.

게다가 고양이를 포함한 야행성 동물의 눈에는 **반사막**이 있어요. 망막 뒤에 있는 이 막은 빛을 다시 망막으로 반사시켜 광수용기가 한 번 더 적은 빛에도 반응할 수 있게 기회를 줘요. 이 세포 조직 때문에 고양이의 눈이 어둠 속에서도 빛나 보이는 거예요.

매의 눈은 동물의 왕국 내에서도
최고로 꼽혀요. 머리에 비해 큰 눈은
시력이 매우 좋아서 3킬로미터 떨어진 곳에서도
들판의 쥐 한 마리를 찾아낼 수 있지요! 매가 먹잇감을
향해 급히 내려가는 동안 각막 곡률(각막이 굽은 정도)은
계속 변화하기 때문에 먹잇감에 계속 초점을
맞출 수 있어요.

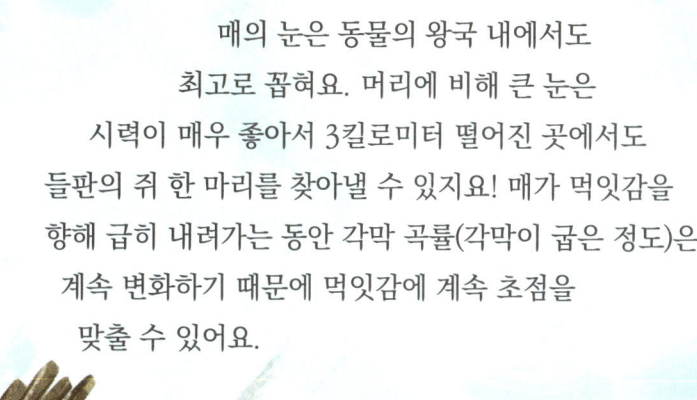

양, 사슴, 염소처럼 풀을 뜯는 동물들
중에는 가로로 길쭉한 동공을 가진 경우가
있어요. 이러면 머리를 아래로 숙였을 때에도
주변이 잘 보이기 때문에 혹시나 풀을 뜯는 동안
포식자가 나타나지 않는지 감시할 수 있죠.

후각

후각은 대부분의 생물의 생존에 매우 중요한 역할을 해요. 먹이를 찾고, 위험을 감지하고, 맛을 제대로 볼 수 있게 할뿐만 아니라 짝이 될지도 모르는 상대의 관심을 끌 수도 있으니까요.

여성이 남성보다 후각이 더 예민하다는 걸 알고 있나요?

남자 아이들이 냄새나는 이유가 바로 이 때문일까요?

후각은 미각과도 밀접한 관계가 있어요. 둘 다 공기 중의 분자가 화학적 신호로 바뀌어야 감지할 수 있기 때문에 **화학적 감각**이라고 불리거든요.

어떻게 냄새를 맡는 걸까?

비강 뒤쪽에는 **후각 상피**라고 불리는 조그만 피부 조직이 있어요. 이곳은 후각수용기라 불리는 감각 세포가 가득하고, 그 위는 점액이 덮여 있어요.

우리 주변의 커피, 소나무, 지독한 냄새가 나는 치즈 등에서는 현미경으로만 보이는 미세한 분자가 새어 나와요. 우리가 호흡을 하면 이 분자가 공기와 함께 우리 코로 들어온답니다.

냄새와 맛

모든 냄새가 콧구멍으로만 들어오는 건 아니에요. 어떤 냄새는 입천장과 연결되어 있는 통로를 통해 코로 들어오지요.

음식을 씹으면 더 많은 향이 퍼지고 통로를 통해 후각 망울까지 전달됩니다. 그러면 여러분은 더 풍부한 맛을 느낄 수 있지요.

간단한 실험을 해볼 수도 있어요. 코를 꽉 쥔 채 뭔가를 씹다가 도중에 손을 놔보세요. 음식의 맛이 확실히 더 또렷하게 느껴질 거예요.

과학자들은 맛의 80퍼센트 이상이 사실은 냄새라고 말해요. 냄새가 없으면 음식에선 별 맛이 느껴지지 않는다고요.

수상한 냄새가 나...

사람들이 왜 서로 다른 방식으로 냄새에 반응하는지에 대해서는 아직도 밝혀지지 않은 게 많아요. 우리의 유전자, 피부색, 먹는 것이 냄새를 해석하는 방식에 영향을 줄 수 있어요. 예를 들어 전체의 30퍼센트의 사람들은 아스파라거스를 먹고 난 뒤 소변에서 역한 냄새를 맡는다고 해요. 나머지 70퍼센트는 전혀 맡지 못하고요.

후각은 우리의 감정과 직접적으로 관련이 있기 때문에 우리는 무의식적으로 냄새에 반응해요. 과학자들은 우리가 누군가를 만나면 30초 만에 상대의 냄새를 바탕으로 호감과 비호감이라는 본능적인 반응을 일으킨다고 말해요.

우리의 후각은 아침에 가장 약하고 시간이 지날수록 점점 더 좋아져요.

우리는 사람의 감정을 '읽을 때' 냄새를 이용할 수도 있어요. 상대가 풍기는 냄새를 통해 상대가 행복한지, 슬픈지, 화가 났는지 감지할 수 있어요.

배가 고프면 우리 후각은 더 살아나요.

연구에 따르면 후각은 전반적인 뇌의 기능과 건강과도 밀접한 관련이 있대요. 후각이 많이 떨어진 노인일수록 알츠하이머나 파킨슨병 등에 걸릴 확률이 높다는 거죠.

27

다른 동물은 어떨까?

개는 사람보다 후각이 훨씬 예민하다고 알려져 있어요. 그도 그럴 것이 개의 후각 상피는 사람보다 20배 정도 크대요. 그리고 사람은 1천 2백만 개의 후각 수용기 세포가 있다면 개에게는 2억개 정도가 있지요. 하지만 최근에는 우리의 뇌가 개보다 훨씬 복잡하기 때문에 후각 역시 개와 비슷하거나 더 좋을 수도 있다는 연구도 있었어요.

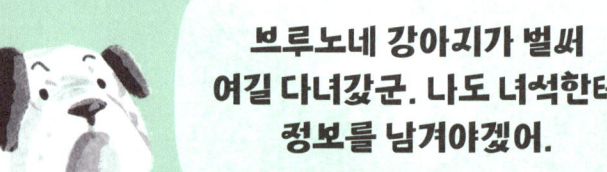

브루노네 강아지가 벌써 여길 다녀갔군. 나도 녀석한테 정보를 남겨야겠어.

특정한 냄새를 감지하는 서비골 또는 야콥슨 기관이라는 걸 가진 동물도 있어요. 대부분의 포유류는 페로몬을 감지할 수 있는데, 페로몬이란 짝짓기 시기에 서로 다른 성별이 내뿜는 특정한 호르몬을 말해요.

뱀은 먹잇감을 찾을 때 이 기관을 이용해요. 끝이 갈라진 혀를 날름거리며 냄새 분자를 야콥슨 기관으로 보내면, 이 기관에서는 먹잇감 혹은 포식자가 근처에 있는 지를 판단할 수 있어요.

상어는 1~2킬로미터 떨어진 곳에서도 한 방울의 피 냄새를 맡을 수 있다는 속설이 있어요. 이건 물론 과장이지만 상어가 확실히 후각이 좋기는 해요. 400미터 정도 떨어진 곳의 피냄새는 감지할 수 있거든요.

상어는 주둥이 밑에 있는 콧구멍으로 냄새를 맡아요. 코로 들어온 물이 감각 세포로 가득 차 있는 코연골주머니로 들어오면, 이 후각 정보를 뇌로 보내는 거예요.

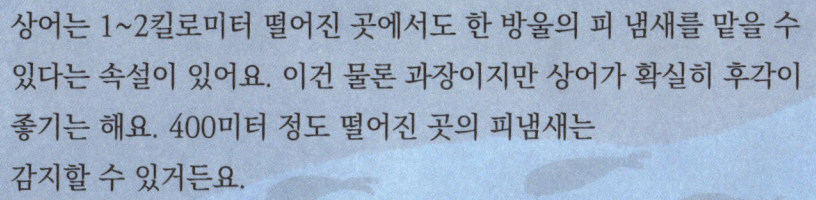

상어의 뇌 3분의 2는 후엽으로 가득 차 있어요. 후엽이란 냄새가 어느 방향에서 왔는지, 얼마나 오래된 것인지를 감지하는 기관이지요. 그래서 상어는 이 먹잇감을 쫓아가도 될 만한지 아닌지를 냄새로 결정할 수 있어요.

게는 코가 없는 대신 눈 사이에 한 쌍의 더듬이가 있는데, 이 더듬이가 화학적 감각을 감지하는 털로 뒤덮여 있어요. 게는 물속에서 이 더듬이를 흔들어 털로 냄새 분자를 포착한 뒤 뇌로 이 정보를 전달하여 냄새를 맡아요.

미각

미각은 초기 인류에게 무척 중요했어요. 먹어도 되는 음식인지 아닌지 구분하는 데 도움을 주니까요. 단 맛은 빠르게 에너지를 연소시키는 칼로리가 높은 음식이라는 걸 알려줘요. 신 맛은 비타민 C가 들어있는 음식이라는 뜻이고요. 짠 맛은 음식에 미네랄이 들어있음을, 쓴 맛은 독이 들었을지도 모르니 조심하라는 경고일 수 있어요.

태어났을 때는 혀의 미뢰가 10,000개 정도 되지만 시간이 지나면서 점점 줄어들어 성인이 되어서는 약 7,000개가 돼요. 어린이가 성인보다 맛에 훨씬 더 민감하다는 뜻이죠.

다음에 부모님이 식성이 까다롭다고 뭐라고 하시면 이 이야기를 해주세요!

어떻게 맛을 느끼는 걸까?

후각처럼 미각 역시 화학적 감각이에요. 음식의 분자가 혀와 만나면 미뢰 안에 있는 감각 수용기 세포가 반응을 하는 거죠.

혓바닥에 있는 올록볼록한 혹이 미뢰냐고요? 아니에요! 그 혹은 돌기라고 부르는 것이고 미뢰는 (모든 돌기는 아니지만 몇몇) 돌기의 벽 안쪽에 들어 있어요.

미뢰는 이렇게 생겼어요...

이로 씹은 음식이 침과 섞이면 미뢰 끝에 삐죽 튀어나와 있는 **미세 융모**라는 아주 작은 털에 그 분자가 묻어요. 그러면 그 분자가 미뢰 꼭대기에 있는 **미공**이라는 구멍 안으로 들어가지요.

각각의 미뢰 안에는 약 100개의 감각 수용기 세포가 있어서 들어온 분자에 반응을 해요. 그 음식 맛이 단지, 짠지, 신지, 쓴지, 감칠맛(나중에 배울 거예요)이 나는지 알아내는 거죠.

수용기 세포는 이 정보를 신경섬유로 보내고, 결국 뇌까지 전달돼요.

수용기 세포는 7일에서 10일마다 새로운 것으로 교체되기 때문에 늘 건강하답니다.

잘못된 헛소문

오랫동안 사람들은 혀가 네 부분으로 나뉘어져 있으며 각각 다른 유형의 맛, 즉 단 맛, 짠 맛, 신 맛, 쓴 맛을 느낀다고 생각했어요. 옆에 보이는 '혀 지도'가 각기 다른 미뢰의 위치를 알려주고 있지요.

맛과 풍미는 헷갈리기 쉽지만 달라요. 맛은 미뢰에서 느껴지는 화학적 감각이고요. 풍미는 냄새, 촉각, 열기, 맛 등의 여러 정보를 뇌가 해석하는 방식이에요.

이런 엉터리가 어디 있나!

이 미신은 완전히 잘못된 것으로 드러났어요. 집에서도 손쉽게 실험해 볼 수 있답니다. 여러분의 혀 끝에 ('단 맛'을 느끼는 미뢰가 있다는 그 곳에) 소금을 올려놔 보세요. 짠 맛이 나죠, 안 그래요?

새롭게 밝혀지는 사실들

사람이 느끼는 맛이 네 가지라는 것도 옛말이에요. 사람은 다섯 가지의 맛, 단 맛, 짠 맛, 신 맛, 쓴 맛 그리고 감칠맛을 느낄 수 있다는 게 요즘의 일반적인 생각입니다. 감칠맛은 무어라 정의하기 힘들지만 '풍부한 맛' 또는 '기분 좋게 끌리는 맛'으로 설명하곤 해요. 감칠맛이 풍부한 음식에는 조개, 생선, 토마토, 버섯, 육수, 치즈, 간장 등이 있어요.

음식에 대한 반응은 사람마다 달라요. 어떤 이들은 다른 사람보다 미뢰가 많아서 강한 맛에 훨씬 더 민감하게 반응하지요. 미각이 뛰어난 사람은 그렇지 않은 사람에 비해 맵거나 쓴 음식을 더 불편하게 느껴요.

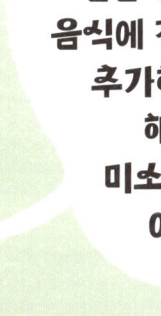

일본에서는 음식에 감칠맛을 추가하기 위해 해조류나 미소된장을 많이 이용해요.

미각이 뛰어난 사람은 일반인 보다 훨씬 예민해요. 그들은 커피, 아이스크림, 시금치 같은 일반적인 음식도 먹기 힘들어 해요.

과학자들은 미각이 뛰어난 사람들이 그렇지 않은 사람에 비해 마른 경우가 많다는 걸 알아냈어요. 그래서 맛 수용기와 비만 간의 관계에 대해 연구하고 있지요.

식품 과학자들은 풍미를 해치지 않으면서 감미료나 소금을 줄일 방법을 찾기 위해 맛 수용기 세포를 차단하거나 자극하는 기술도 개발하고 있어요.

다른 동물은 어떨까?

동물들은 먹어도 안전한 음식인지 판단하기 위한
각기 다른 방법을 가지고 있어요. 자연 세계에서는
보통 맛이 나쁜 음식은 해로울 수도 있는 음식,
맛이 좋은 음식은 몸에 필요한 영양소가
포함된 음식으로 해석할 수 있어요.

고양이 같은 육식 동물은
다양한 것들을 먹지 않기 때문에
미뢰가 얼마 없으며, 보통은
안전하게 고기를 먹지요. 고양이의
미뢰는 약 500개 밖에 되지 않아서
(고기 맛의 변화를 알 수 있도록)
쓴 맛은 느낄 수 있지만 단 맛은 느끼지
못 해요. 설탕이나 탄수화물이 고양이의
생존에 필수적이지도 않고요.

육식 동물의 혀끝에는 물에 반응하는
영역이 있어요. 고기에는 소금 성분이 많이
포함되어 있기 때문에 탈수 증상이 있을 때는
이 영역이 민감해져요. 그래서 물이 필요할 때는
물맛이 더 좋게 느껴진답니다.

소나 돼지 같은 초식 동물은 사람보다 맛에 예민해요. 사람의 미뢰는 7,000개 정도인데, 소의 미뢰는 약 25,000개나 되지요. 그들은 다양한 식물과 나뭇잎을 먹기 때문에 이 식물이 먹어도 되는 것인지 독성이 있는 것인지 빠르게 파악할 수 있어야 해요.

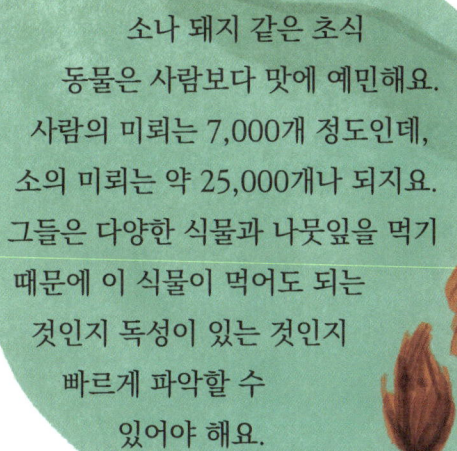

새들은 놀랍게도 미뢰가 거의 없어요. 닭은 겨우 30개의 미뢰가 있대요!

새들은 음식을 씹지 않기 때문에 위험을 감지하기 위해 맛 보다는 시각에 더 의존해요. 독이 있는 애벌레는 보통 색이 화려하기 때문에 새들은 그런 애벌레에는 가까이 가지 않죠.

우리가 아는 가장 미각이 예민한 동물은 갈색황소머리메기에요. 몸 전체가 하나의 커다란 혀라고 볼 수 있거든요! 이 메기의 몸에는 머리부터 꼬리까지 175,000개의 미뢰가 있어요.

이 물고기는 어둡고 진흙이 많은 곳에 살아요. 보통은 진흙을 뒤져서 먹을 것을 찾기 때문에 이 진흙 속에 맛있는 먹잇감이 있는지 알아내기 위해 온 몸의 미뢰를 이용하는 거예요.

촉각

촉각은 신체에서 피부에 있는 아주 예민한 수용기로 느껴지는 감각을 말해요. 그리고 피부는 사람의 몸에서 가장 큰 감각 기관이죠!

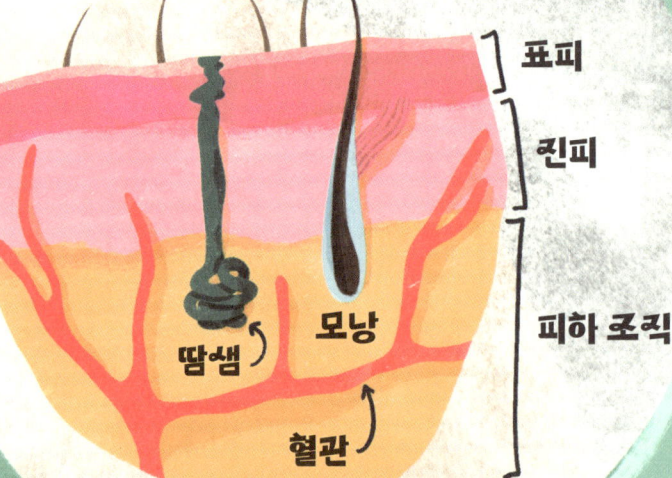

피부의 구조

- 표피
- 진피
- 피하 조직
- 땀샘
- 모낭
- 혈관

피부 아래에는 각기 다른 감각 수용기가 있어요. 어떤 것들은 가장 가벼운 감촉, 어떤 것들은 압력, 또 어떤 것들은 온도, 고통 등을 감지하지요.

피부 덕분에 우리는 우리 몸이 어디에서 끝나는지, 그리고 바깥 세상은 어디에서 시작되는지 알 수 있어요.

피부는 우리 감각 기관 중 가장 커요. 성인의 평균 피부 면적은 2m²이며 체중의 약 15퍼센트를 차지합니다.

몸의 모든 부위가 똑같은 정도로 민감하진 않아요. 손가락 끝, 입술, 발가락 같은 부위는 감각 수용기가 많이 모여 있지만, 종아리 같은 부위는 압력에 반응하는 수용기만 많고 가벼운 감촉에 반응하는 수용기는 거의 없어요. 등 같은 부위는 감각 수용기 자체의 양이 아주 적고요.

그래서 발이 간지럼을 잘 타는 거예요!

실험을 해 보자!

촉각 수용기가 얼마나 촘촘하게 모여 있는지 실험해 볼 수 있어요. 바늘 두 개를 1밀리미터 간격으로 쥔 뒤 손가락 끝을 살짝 찔러 보세요. 여러분은 아마 각기 다른 부위가 찔렸다는 걸 느낄 수 있을 거예요. 똑같이 어깨에서 팔꿈치 사이를 찔러 보세요. 아마 한 군데만 찔린 느낌이 들 거예요. 그럼 천천히 바늘 사이의 간격을 벌려 보세요. 바늘 사이가 1센티미터 정도는 떨어져야 각각의 감촉을 느낄 수 있을 거예요.

서로 다른 종류의 수용기

촉각 수용기는 크게 둘로 나뉘어요. **빠른 적응 수용기**는 가벼운 촉각과 진동을 감지해요. 보통 피부 표면 가까이에 있지요. **느린 적응 수용기**는 지속적인 압박에 더 잘 반응하고 보통 피부 깊은 곳에 있어요.

기계수용기는 압력, 진동, 감촉 같은 감각을 받아들여요.

온도수용기는 온도와 관련된 감각을 감지해요.

통증수용기는 서로 다른 통증을 감지해요. 몸 곳곳의 피부, 근육, 장기에는 3백만 개가 넘는 수용기가 있어요. 피부 표면 근처의 수용기는 (이를 테면 날카로운 물체 같은) 통증을 일으킬 수 있는 물건으로부터 어서 피할 수 있게 해 줘요. 피부 깊은 곳에 있는 수용기는 다친 부위에 은근한 통증을 일으켜서 상처가 치유될 때까지 그 부위를 사용하거나 손대지 못하게 만든답니다.

여러분의 피부 1제곱센티미터 안에는 통증수용기는 200개 정도 있지만 기계수용기는 15개, 냉수용기는 6개 그리고 온수용기는 1개 밖에 없어요.

몸에는 뜨거운 것을 감지하는 온수용기보다 차가운 것을 감지하는 냉수용기가 더 많아요. 그 중에서도 온도수용기는 얼굴에 집중되어 있기 때문에 귀와 코가 몸의 다른 부위보다 훨씬 빨리 차가워진답니다.

우리의 촉각 수용기는 함께 힘을 모아 뇌에 복잡한 정보를 전달해요. 친구의 손을 잡으면 피부의 온기, 손바닥의 부드럽거나 거친 느낌, 손가락에 가해지는 압력 등이 모두 동시에 전달 되지요.

뇌까지 가는 길

여러분의 중추신경계는 뇌와 척수라는 두 부분으로 나뉘어져 있어요.

그리고 거기에서부터 감각신경과 운동신경이 온 몸 곳곳으로 뻗어 나가요. 이걸 **말초신경계**라고 불러요.

여러분의 감각 세포는 말초신경계를 따라 가다가 기다란 척수 중에서도 척수후각이라고 불리는 곳에 정보를 전달해요. 그러면 이 정보는 또 뇌까지 전해지지요. 그러면 뇌는 다시 신경에 정보를 보내서 이 감각에 어떻게 반응을 해야 할지 알려줘요.

때로는 척수후각이 바로 결정을 내릴 때도 있어요. 이러한 결정은 **반사작용**이라고 해요. 뜨거운 불길에 손이 닿으면 여러분은 곧바로 손을 뒤로 뺄 거예요. 통증수용기가 보낸 긴급한 정보에 뇌를 거치지 않고 척수가 곧바로 반응한 거지요.

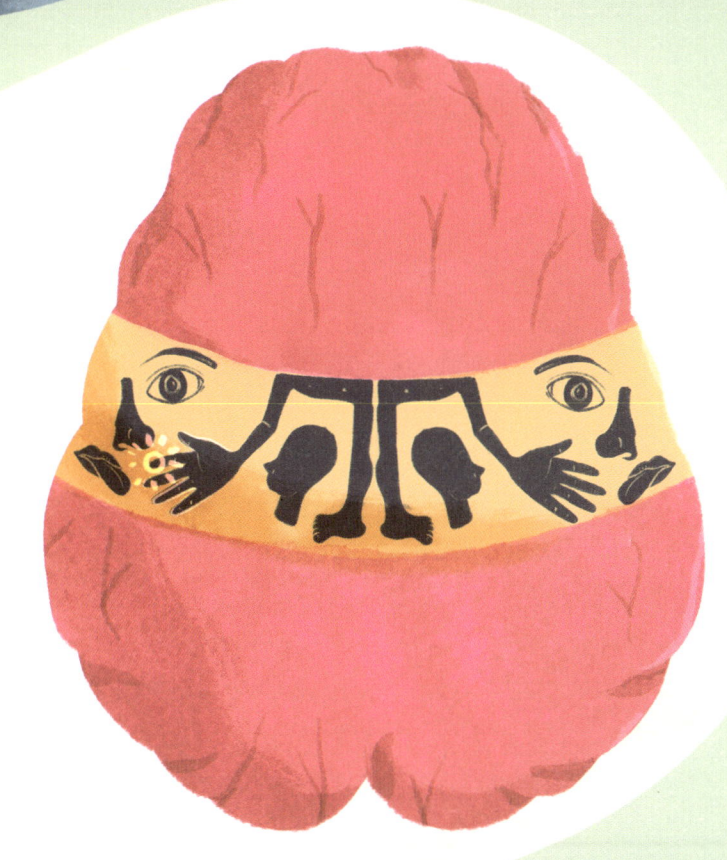

뇌에 있는 **체감각피질**은 신체적인 감각에 반응을 하는 영역이에요. 한쪽 귀에서 다른 쪽 귀까지 헤드폰을 쓴 것처럼 머리를 가로질러 뻗어 있지요. 체감각피질은 신체 지도 역할을 해서 이 정보가 몸의 어느 부위에서 온 것인지 알아내요. 지도는 신체 부위의 크기보다는 그 부위의 감각 세포 수와 관련이 있어요.

그래서 등이 차지하는 부위는 매우 적은 반면 손은 무척 많은 부위를 차지하지요.

우리가 입고 있는 옷이나 발 딛고 있는 땅 등 우린 늘 무언가를 접촉하고 있어요. 뇌는 중요하지 않은 정보는 걸러내기 때문에 발목을 조이는 양말의 느낌이나 엉덩이를 누르는 의자의 느낌을 계속 느끼진 않는 거예요.

소매치기는 촉각을 너무나 잘 활용하죠. 몸을 세게 부딪쳐서 뇌의 주의를 그쪽으로 돌리는 순간 재빨리 주머니에 든 걸 빼내는 거예요.

뇌에서 느끼는 통증

여러분과 친구가 똑같은 바위에 똑같은 발가락을 찧는다 해도, 두 사람은 서로 다른 통증을 경험할 거예요. 통증은 여러분의 신경계에서 일어나고 있는 모든 일, 이를테면 여러분의 기분이나 과거 경험, 스트레스 정도에 영향을 받아요. 여러분이 만약 시험을 망치고 나서 발가락을 찧었다면 시험에서 좋은 결과를 받은 친구와 다른 반응이 나올 수 있다는 거죠.

더불어 각각의 사람은 통증에 대한 민감도가 달라요. 고통을 느끼는 역치가 높아서 고통을 잘 참는 사람은 역치가 낮은 사람보다 고통을 더 잘 견딜 수 있죠.

하이킹 경로 →

개 줄을 놓치지 마세요!

아드레날린 역시 여러분의 통증 경험에 영향을 줍니다. 아드레날린은 극단적인 감정 상태에서 분비되는 호르몬으로 갑자기 힘이 솟게 만들어 줘요. 만약 위험으로부터 도망치는 다급한 상황에 발가락을 찧었다면 아무 것도 느끼지 못할 수도 있어요. 여러분이 안전해지고 공포가 잦아들 때까지 뇌가 그 통증을 막고 있는 거죠.

너무나 중요한 포옹

촉각은 자궁 안에서부터 발달을 시작하는 감각이며 아기의 뇌가 성장하는 데에도 중요한 역할을 합니다. 아기를 만져주고 안아주면 면역 체계가 튼튼해지고 불안 수준이 낮아지기 때문에 신체적으로나 정신적으로 건강이 좋아지지요. 태어난 지 얼마 안 됐을 때 촉각을 경험하지 못한 아기들은 이후 살아가면서 중요한 건강 문제를 겪을 확률이 훨씬 높다고 해요.

유인원은 서로 털을 골라주며 자기 무리 안에서 관계를 쌓아간다면 사람 역시 촉각을 이용해 개개인 간의 믿음과 온정을 쌓아갑니다. 오래 전부터 우리는 누군가를 만났을 때 존경, 우정, 평화를 나타내기 위해 악수를 하고, 입을 맞추고, 포옹을 해 왔죠.

서로 존경의 마음을 담아 포옹을 하고 어루만지면 도파민, 세로토닌, 옥시토신 같은 호르몬이 분비가 됩니다.

그리고 이런 호르몬은 행복감과 만족감을 불러일으키지요.

다른 동물은 어떨까?

사람과 달리 대부분의 포유류는 흔히 수염이라고 불리는 **비브리사(촉모)**가 나 있고, 이는 동물들의 촉각에서 매우 중요한 역할을 하지요. 동물의 몸에 나 있는 이 수염 끝에는 모낭이 있고 여기엔 감각 세포가 모여 있어요. 수염이 다른 물체를 건드리면 모낭 안에 있는 혈액이 감각 세포를 움직여 그 물체의 크기, 질감 등 여러 정보를 동물에게 전달한답니다.

쥐

쥐는 다른 육지 포유류보다 수염이 많아요. 코 양쪽과 눈썹 위에 긴 수염이 있고 입 주변에도 짧은 수염이 나있죠. 쥐들은 아주 조그만 근육을 이용해 이 수염을 1초에 몇 번씩 앞뒤로 움직여서 그들 주변에 있는 모든 것들을 감지합니다.

이 수염은 쥐의 주변에 무엇이 있는지 알려주는 역할을 할 뿐만 아니라 사회적으로도 매우 중요하지요. 쥐는 다른 쥐를 만났을 때 평화의 표시로 자신의 수염을 빗는답니다.

바다표범

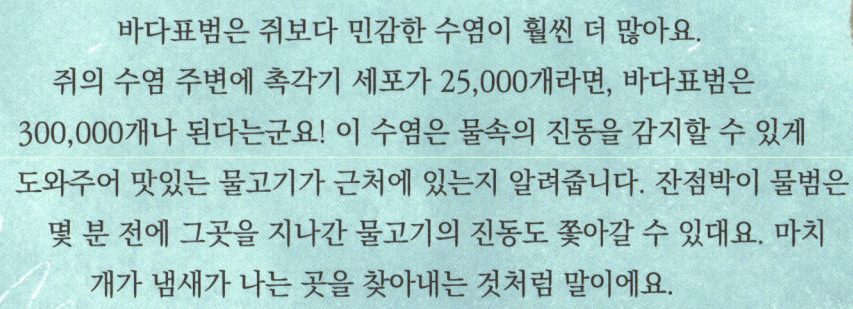

바다표범은 쥐보다 민감한 수염이 훨씬 더 많아요. 쥐의 수염 주변에 촉각기 세포가 25,000개라면, 바다표범은 300,000개나 된다는군요! 이 수염은 물속의 진동을 감지할 수 있게 도와주어 맛있는 물고기가 근처에 있는지 알려줍니다. 잔점박이 물범은 몇 분 전에 그곳을 지나간 물고기의 진동도 쫓아갈 수 있대요. 마치 개가 냄새가 나는 곳을 찾아내는 것처럼 말이에요.

별코두더지

햄스터 크기에 앞이 보이지 않는 이 동물은 매우 특이한 코를 가지고 있어요. 얼핏 문어를 닮은 이 코에서 22개의 작은 촉수가 뻗어 나와 있지요.

손톱만한 크기의 이 코에는 100,000개의 신경 섬유가 모여 있어요. 사람의 손보다도 다섯 배는 많은 양이죠. 이 코로 흙을 톡톡 건드려 보면 근처에 먹잇감이 있는지 곧바로 알 수 있기 때문에 순식간에 먹이를 먹어치울 수 있죠(별코두더지는 동물 왕국에서 먹이를 가장 빨리 잡아먹는 동물이랍니다)!

고유수용감각

운동 감각이라고도 불리는 고유수용감각은 신체가 그 위치와 움직임을 감지할 수 있는 능력을 말해요. 눈을 감고 코를 만져보세요. 손가락이나 코가 보이지 않아도 코가 어디 있는지 정확히 알고 있죠? 바로 그게 고유수용감각입니다.

어떻게 느끼는 걸까?

고유수용감각은 촉각과는 달라요. 우리 몸의 위치에 대한 감각 정보는 피부에서 느끼는 것이 아니라 우리 몸 안에서 느끼는 것이기 때문이에요.

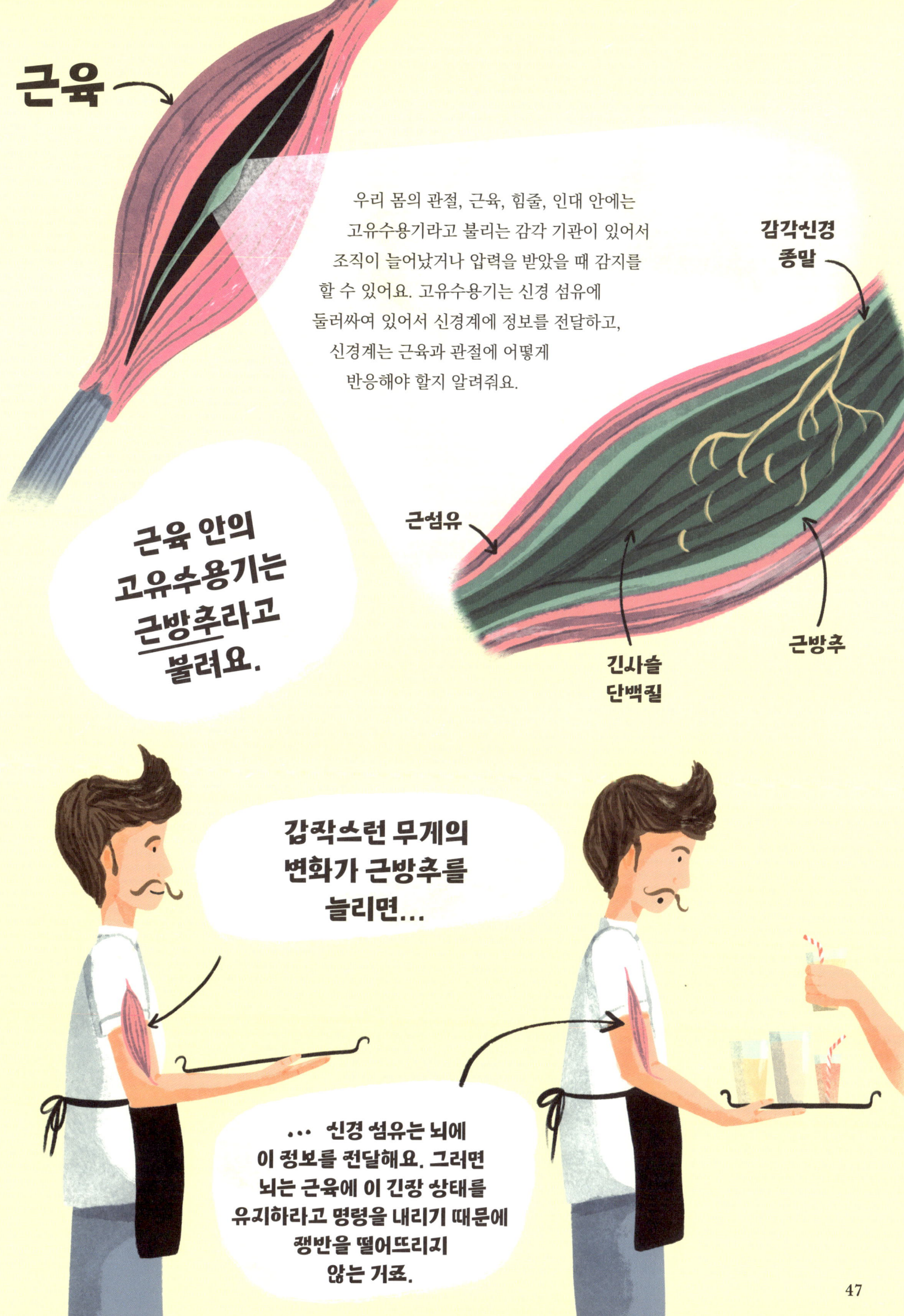

고유수용감각은 왜 필요할까?

1. 우리 팔다리가 어디에 있는지 알기 위해

손을 뻗어 코를 만져보세요. 정확히 어디에 있는지 알고 있죠? 실수로라도 눈이나 귀를 찌르는 일은 없을 거예요. 자기수용기는 우리의 신체가 항상 어디에 있는지 알려줘요.

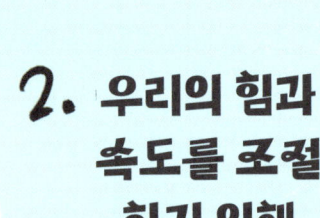

물 한 잔을 들어서 입에 갖다 대보세요. 여러분은 입이 정확히 어디에 있는지 알뿐만 아니라 어느 정도 속도로 팔을 움직여야 물을 바닥에 흘리거나 컵으로 얼굴을 때리지 않을지 알고 있어요. 그게 바로 고유수용감각이에요!

2. 우리의 힘과 속도를 조절하기 위해

3. 균형을 잡기 위해

고유수용기는 균형을 잡도록 도와주는 전정계(50페이지 참조)와 함께 작동해요. 여러분은 걸을 때 발이 어디에 있는지 확인하기 위해 발을 볼 필요가 없어요. 심지어 풀밭처럼 부드러운 곳에서 딱딱한 인도로 옮겨갈 때도 말이에요. 감각 정보는 끊임없이 여러분의 발목, 발가락, 무릎, 엉덩이의 위치를 전정계에 전달하고, 전정계는 머리 위치를 일정하게 유지하도록 그 변화를 뇌에게 알려줘요.

4. 근육의 긴장 상태와 자세를 유지하기 위해

가만히 앉아 있을 때도 여러분의 근육은 자세를 똑바로 유지하기 위해 수축과 이완을 하고 있어요. 필요한 만큼 근육의 긴장 상태를 높이기도 하고 줄이기도 하는 거죠.
고유수용감각이 없었더라면 가만히 앉아 있거나 머리를 들고 있는 데에도 훨씬 많은 노력이 필요할 거예요.

고유수용감각에 문제가 생기면

고유수용감각이 떨어지면 움직임이 둔해지거나, 가만히 있지 못하거나, 손을 떨거나, 연필 같은 물건이나 사람을 잡을 때 필요 이상의 힘을 쓰는 경우가 있어요.

이런 사람들은 일부러 물건에 충돌하거나 사람과 부딪치는 경우가 있어요. 그래야 부족한 고유수용성 반응이 자극을 받기 때문이에요. 이들은 잘 쓰러지거나, 오랫동안 머리를 똑바로 들고 있는 걸 힘들어 할 수 있어요. 넘어지지 않으려고 바짝 긴장을 해야 하니 계단을 내려가는 것도 벅찰 수 있죠.

전정계

전정계는 움직임, 머리 위치, 공간 감각에 대한 정보를 뇌에 전달하는 역할을 해요. 움직이는 동안에도 우리의 머리와 몸을 안정적으로 유지할 수 있게 도와주기 때문에 우리는 계속해서 균형을 잡을 수 있는 거지요.

어떻게 균형을 잡는 걸까?

↙ 달팽이관

1.

전정계는 내이 깊은 곳에 있는 전정미로에 위치하고 있어요. 세 개의 반고리관과 이석이라고 불리는 두 개의 주머니 모양 기관으로 이루어져 있어요. 이 각각이 모두 머리의 움직임에 대한 정보를 뇌에 전달합니다.

이석기관은 여러분이 차나 엘리베이터를 탔을 때처럼 속도가 높아지는 걸 감지합니다.

2. 반고리관은 액체로 차 있는 관으로 달팽이관에서부터 서로 다른 각도로 뻗어 있어요. 각각의 관은 고개를 아래위로 끄덕이는 것, 양옆으로 젓는 것, 좌우로 기울이는 것처럼 서로 다른 종류의 움직임을 감지합니다. 안에는 머리카락처럼 아주 가는 유모세포가 있어서 반고리관 안의 액체가 움직일 때마다 유모세포도 움직여요. 그리고 여기에서 신경 섬유를 통해 뇌까지 그 움직임이 어떤 종류인지 그 정보를 전달하지요.

후반고리관

전반고리관

이석이라는 건 말 그대로 귓속의 돌이라는 뜻이에요.

수평반고리관

3. 반고리관 밑에 위치한 이석기관은 직선 운동(앞뒤, 혹은 위아래)의 움직임에 대한 정보를 뇌에 전달합니다. 또 우리 몸이 느끼는 중력을 감지하지요. 이 기관은 움직임에 반응하는 아주 작은 돌멩이 이석, 뇌에 신호를 보내는 유모세포로 이루어져 있어요.

다른 감각과 어떻게 작용할까

전정계는 시각 감각계와 함께 작동하여 머리가 움직일 때마다 시야가 흐려지는 걸 막아줍니다. 예를 들어 운전을 할 때 여러분의 뇌는 전정계의 정보에 반응하여 여러분의 머리가 오른쪽 아래로 쏠리면 눈은 왼쪽 위를 향하도록 정보를 주지요. 그렇지 않으면 길을 바라보는 여러분의 시야는 너무 심하게 이리저리 움직여서 초점을 맞출 수가 없을 거예요.

전정계에 문제가 있으면 심하게 어지러울 수 있어요…

전정계는 고유수용계(46쪽 참조)와도 함께 협력해요. 모든 신체부위가 주변 환경 속에서 어디에 위치하는지 확인하고 거기에 맞춰 균형을 조절하는 거죠.

…. 그러면 메스꺼움이나 몸의 불균형이 생길 수 있지요.

다른 동물은 어떨까?

진화의 관점에서 전정계는 가장 오래된 감각기관 중 하나예요. 여러분의 전정계는 고양이, 도마뱀, 물고기, 심지어 공룡과도 매우 비슷하답니다!

고양이는 미세하게 조정되는 전정계에 길고 유연한 척추까지 있어서 균형 잡기의 달인이랍니다. 높은 곳에서 뛰어내린 고양이는 상체를 재빨리 바닥 쪽으로 돌려요. 그러면 하체도 거기에 맞춰 돌게 되지요. 그러면 고양이의 고유수용계(46쪽)가 바닥과의 거리를 판단하고 충격에 대비해 준비를 하죠.

그 외의 감각

과학자들은 우리의 뇌가 감각 정보를 받아들이는 방법에 대해 계속 연구하고 있어요. 감각과 관련한 과학 역시 늘 성장하고 변화하고 있고요. 이를 테면 최근 몇 년 동안 과학자들은 사람이 지구 자기장에 반응하는지, 사람도 반향정위가 가능한지(13쪽 참조) 연구했어요. 현재 큰 관심을 얻고 있는 새로운 감각 과학의 영역은 바로 **내부수용감각**이랍니다.

내부수용감각

내부수용감각계에는 다양한 감각 뉴런이 있어서 우리 몸 안에서 어떤 자극이나 변화가 일어나면 그 정보를 뇌에 보내줍니다.

어떤 것들은 해석하기가 쉬워요. 방광이 조이는 느낌이 들면 소변을 봐야 한다는 뜻이고, 배가 꼬르륵거리면 배가 고프다는 뜻이며, 목이 마르면 갈증이 난다는 뜻이죠. 하지만 뇌에서 해독을 해야 할 정도로 복잡한 정보도 있어요. 예를 들어 심장이 빨리 뛰면서 소름이 돋으면 겁이 난 걸 수도 있고 신이 난 걸 수도 있거든요.

내부수용감각을 '해석'하는 능력은 신체적으로 뿐만 아니라 정신적으로도 우리 자신을 돌보기 위해 꼭 필요한 것이랍니다. 몸이 보내는 신호를 정확하게 해석하고 예측하지 못하면 불안, 우울, 식이 장애 같은 정신적인 장애가 생기기도 쉬워요.

과학자들은 실험 참가자들에게 눈을 감고 3분 동안 심장이 몇 번 뛰는지 세어보게 하는 실험을 했어요. 그리고 실제로 심장 박동을 정확하게 기록했어요. 그랬더니 불안장애가 있는 사람은 평균보다 훨씬 더 정확하게 자신의 심장 박동을 셌어요. 자폐 스펙트럼을 가진 사람은 정확도가 많이 떨어졌고요.

이건 감각 과학의 새로운 분야에 해당됩니다. 우리 몸이 우리에게 어떻게 정보를 전달하는지, 몸에 대한 관심이 높거나 낮은 것이 우리의 신체적, 정서적 행복에 어떻게 영향을 끼치는지, 우리는 아직도 모르는 게 훨씬 많아요.

다른 동물은 어떨까?

진화의 결과 몇몇 동물들은 아주 특별한 능력을 갖게 되었어요. 어떤 동물들은 사람보다 훨씬 더 잘 보고, 듣고, 냄새를 맡을 수 있지요. 또 어떤 동물들은 반향정위(13쪽 참조) 같은 감각을 이용할 수 있어서 우리는 직접 느껴볼 수 없는 신기한 방법으로 세상을 감지하지요.

과학자들은 아직 알려지지 않은 감각이 있을지도 모른다며 열심히 연구를 하고 있어요. 그 알려지지 않은 감각이 자연의 수수께끼를 풀 수 있는 핵심일지도 모르니까요. 동물에게서 새롭게 발견된 감각 중에는 **자기수용**과 **전기수용**이 있어요.

전기수용

전기수용성 동물은 자연의 전류를 감지할 수 있어서 아주 어두운 곳에서도 주변을 파악할 수 있어요. 이 감각은 주로 물에 사는 동물들에게 흔하게 발견돼요. 공기보다 물에서 전기가 잘 흐르기 때문이죠.

상어의 얼굴 주변 피부 밑에는 로렌치니 젤리라는 성분이 있어요. 이 젤리는 아주 민감한 전기 전도체이며, 마치 자동 유도장치처럼 어둡고 흐린 물 속에서도 상어를 먹이가 있는 곳으로 곧바로 안내해요.

오리너구리는 부리에 전기수용기가 있어서 진흙 속에 숨어있는 먹잇감을 잘 찾을 수 있어요.

자기수용

지구 내부의 용융 물질의 흐름과 대기의 이온의 흐름 때문에 지구 주변에는 자기장이 생깁니다. 몇몇 동물들은 이 자기장을 느낄 수 있어요. 그래서 자신의 위치를 파악할 때나 먼 거리를 떠날 때 이 감각을 이용해요. 마치 GPS처럼요!

연어는 알을 낳기 위해 자신이 태어난 곳에서부터 아주 먼 거리를 헤엄칩니다.

과학자들도 어떻게 이런 일이 가능한지 확실히 알지 못해요. 어떤 새나 돌고래, 거북이의 부리 안에는 자철석이라고 불리는 매우 자성이 많은 광물이 들어 있어요. 이 물질이 나침반의 바늘과 같은 역할을 해서 어느 방향으로 가야 하는지 알려주는 게 아닌가 생각한답니다.

벌의 배에는 자성이 있는 물질이 있어서 아무리 멀리까지 날아갔더라도 자신의 벌집까지 돌아오는 법을 알고 있어요.

철새는 목적지까지 길을 잃지 않고 수백 킬로미터를 여행할 수 있죠.

아기 거북이는 땅에 묻혀 있는 알에서 깨고 나오자마자 곧바로 자기수용기를 이용하여 바다로 가는 길을 찾아내지요.

많은 동물의 망막에서 발견된 크립토크롬이라는 단백질이 지구 자기장에 반응하는 걸지도 모른다는 이론도 있어요. 사람의 눈에도 크립토크롬이 있어요. 과학자들은 우리도 한 때 자기수용 감각을 이용하여 더 편하게 방향을 찾았을 지도 모른다며 관련된 연구를 하고 있어요.

용어 사전

화학적 감각 기관 : (코와 혀처럼) 화학적인 자극에 반응하는 기관.

달팽이관 : 내이에 있으며 듣기를 담당하는 나선형 기관.

색맹 : 망막 안의 원추 세포에 문제가 있어서 특정한 색깔을 구분하지 못하는 상태.

각막 : 홍채와 동공을 덮고 있는 눈 앞쪽의 투명한 보호막.

크립토크롬 : 몇몇 포유류의 눈에서 발견되는 단백질 종류로 지구 자기장을 감지하는 것과 관련이 있을 수 있음.

척수후각 : 척수에 있는 세 개의 '회색기둥' 중 하나로 촉각과 고유수용감각 정보를 받아들이고 때로는 반응도 하는 곳.

고막 : 내이와 외이 사이에 있는 얇은 막으로 음파가 전해지면 그 진동을 이소골과 달팽이관에 전달함.

반향정위 : 음파를 이용하여 공간 속 사물의 위치를 파악하는 것.

전기수용 : 다른 생물의 전기 신호를 감지하는 능력으로 보통 먹잇감을 찾을 때 사용함.

유스타키오관 : 귀와 목 사이에 있는 아주 작은 관으로 귀 안의 압력을 조절하는 역할을 함.

중심와 : 망막에 있는 오목한 부분으로 대부분의 원추세포가 모여 있어 생생하고 또렷하게 볼 수 있게 해줌.

초저주파 음 : 사람의 귀로는 들을 수 없는 아주 낮은 주파수의 소리.

홍채 : 색이 있는 가리개 모양 근육으로 동공의 크기를 조절함.

수정체 : 홍채 뒤쪽에 있는 투명하고 탄력 있는 조직으로 눈의 초점을 맞출 수 있게 해줌.

자기수용 : 동물이 자기장을 감지하는 능력으로 방향, 고도, 위치를 감지하는 데 도움을 줌.

통증수용기 : 통증에 반응하는 촉각 수용기.

후각상피 : 콧구멍 안에 있는 조직으로 냄새에 반응하는 감지기로 가득함.

이소골 : 귀 가운데에 있는 작은 뼈로 소리를 증폭시켜 달팽이관까지 전달함.

이석 : 내이에 있는 아주 작은 돌멩이 조각으로 중력의 방향에 따라 유모세포를 구부려 전정기관이 균형을 잘 잡을 수 있게 도와줌.

돌기 : 혀에 있는 올록볼록한 혹으로 이 안에 미뢰가 있음.

귓바퀴 : 귀의 바깥 부분으로 소리를 모아 귀 안쪽으로 전달함.

고유수용감각 : 몸의 위치나 움직임에 반응하는 감각 수용기.

망막 : 눈의 가장 안쪽에 있으며 빛에 민감한 부위. 뇌가 해석할 수 있게 이미지를 신호로 바꾸는 역할.

간상세포 : 망막에 있는 광수용기 세포로 빛이 적은 곳에서도 볼 수 있게 해줌.

공막 : 눈을 싸고 있는 튼튼하고 하얀 막.

반고리관 : 내이에 있는 세 개의 작은 관으로 안에 액체가 들어 있으며 균형을 잡는 데 도움을 줌.

체감각피질 : 온몸에서 들어온 감각 정보를 받아들이는 뇌의 일부분.

미뢰 : 혀에 있는 감각 기관으로 맛을 감지함.

초음파 : 사람의 귀로는 들을 수 없는 주파수가 높은 소리.

감칠맛 : 기분 좋게 끌리는 맛.

전정미로 : 반고리관과 이석으로 이루어져 균형감각을 책임짐.

촉모 : 대부분의 포유류에게 있는 수염으로 촉각 기관으로 사용됨.

시홍 : 망막의 간상세포 안에 있는 빛에 민감한 단백질로 빛이 부족한 곳에서도 볼 수 있게 도와줌.

색인

각막 15
간상세포 16-17
갈색황소머리메기 35
감칠맛 31-33
개 12, 28
게 29
고막 6
고양이 22, 34
고유수용감각 46-49
공막 15
귀 6-7
귀지 11
귓바퀴 7
근방추 47
근시 21
기계적 자극 6
내부수용감각 54
눈 14-23
달팽이관 7
닭 35
데시벨 9
돌고래 13
돌기 31
말초신경계 40
망막 15-17
매 23
미각 30-31, 33, 35

미뢰 30-34
바다표범 45
박쥐 13
반고리관 10, 51
반사막 22
반사작용 40
반향정위 13, 54
별코두더지 45
비둘기 13
빛의 파동 14
상어 29
색맹 20
수염 44
수정체 15, 17
시상 25
시신경 18
시홍 20
양 23
온도수용기 38
운동 감각 46
원시 21
원추세포 16-17
유스타키오관 11
이석 50-51
이소골 6
자기수용 56-57
전정미로 50

주파수 8
중심와 17
쥐 12, 44
진피 36
척수후각 40
청신경 6, 7
체감각피질 41
초음파 12
초저주파 음 13
촉모 44
코 24, 26
코끼리 12
크립토크롬 57
통증수용기 38
편도체 25
표피 36
피부 36, 38-39
헤르츠 8
혀 30-32
홍채 15
화학적 감각 24, 31
후각 24
후각망울 25
후각상피 24
후각신경 25